1 MONTH OF
FREE
READING

at

www.ForgottenBooks.com

By purchasing this book you are eligible for one month membership to ForgottenBooks.com, giving you unlimited access to our entire collection of over 1,000,000 titles via our web site and mobile apps.

To claim your free month visit:

www.forgottenbooks.com/free421929

ISBN 978-0-266-80153-5
PIBN 10421929

ADMINISTRACION
LÍRICO-DRAMÀTICA

UNA DONCELLA

DE ENCARGO

JUGUETE CÓMICO-LÍRICO EN UN ACTO Y EN PROSA

ORIGINAL DE

FRANCISCO FLORES GARCÍA

MÚSICA DEL MAESTRO

ANGEL RUBIO

MADRID
SEVILLA, 14, PRINCIPAL
1884

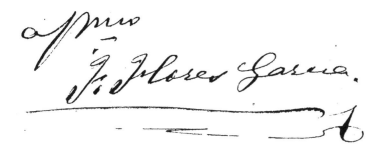

DONCELLA DE ENCARGO.

UNA DONCELLA DE ENCARGO

JUGUETE CÓMICO-LÍRICO, EN UN ACTO Y EN PROSA

ORIGINAL DE

FRANCISCO FLORES GARCÍA

MÚSICA DEL MAESTRO

ANGEL RUBIO

Estrenado con extraordinario aplauso en el Teatro de RECOLETOS
la noche del 28 de Junio de 1884.

MADRID: 1884
ESTABLECIMIENTO TIPOGRÁFICO
DE M. P. MONTOYA Y COMPAÑÍA
Caños, 1.

PERSONAJES.	ACTORES.
ESPÉRIA.	Doña Antonia García.
JULIA.	» Asuncion Rodriguez.
FEDERICO.	Don Salvador Videgain.
CANUTO.	» Rafael Sanchez.
UN CRIADO.	» Enrique Lacasa.

La accion en Madrid: Epoca actual.

A LA DISTINGUIDA ARTISTA

DOÑA ANTONIA GARCÍA

SÚS AMIGOS Y ADMIRADÓRES

F. Flores Garcia.

Angel Rubio.

OBRAS DE D. FRANCISCO FLORES GARCÍA.

EL 11 DE DICIEMBRE, comedia en un acto y en verso.

EL 1.º DE ENERO, drama en un acto, id.

ESCUELA DE AMOR, juguete cómico en id. id.

QUIEN PIENSA MAL..., juguete cómico id. id.

LA CUERDA SENSIBLE, id., id., id.

LA MÁS PRECIADA RIQUEZA, comedia en id., id.

UN DEFECTO, id., id., id.

DOÑA CONCORDIA, id., id., id.

RECETA CONTRA EL SUICIDIO, id., id., id.

SE DESEA UN CABALLERO, id., id., id.

VICENTE PÉRIS, drama histórico.

ENTRE AMIGOS, comedia en un acto y en verso.

EL NACIMIENTO DE TIRSO, drama, un acto. (Segunda edicion.)

LA MADRE DE LA CRIATURA, comedia en dos actos, en verso.

CUESTION DE TÁCTICA, comedia en un acto y en verso.

LOS VIDRIOS ROTOS, comedia en un acto y en prosa.

NAVEGAR Á TODOS VIENTOS, comedia en dos actos y en verso.

GALEOTITO, juguete cómico en un acto y en verso (Tercera edicion.)

DE CÁDIZ AL PUERTO, comedia en dos actos. (1)

LA HERENCIA DEL ABUELO, comedia en un acto y en verso.

LA ÚLTIMA CARTA, monólogo en un acto, en prosa y verso.

CONFLICTO ENTRE DOS INGLESES, juguete cómico en un acto y en verso. (2)

¡EN CARNE VIVA! juguete cómico, en un acto y en verso.

METERSE EN HONDURAS, juguete cómico-lírico, en un acto y en prosa.

MAPA-MUNDI, juguete cómico en un acto y cuatro cuadros y en verso.

DE CÁDIZ AL PUERTO, zarzuela en dos actos. (Refundicion.)

LAS CARTAS DE LEONA, juguete cómico en un acto y en prosa, original. (3)

EL HOMBRE DE LAS GAFAS, id. id.

DE PESCA, comedia en un acto y en prosa.

UNA DONCELLA DE ENCARGO, juguete cómico-lírico en un acto y en prosa.

GALERÍA DE TIPOS.—(Retratos y cuadros de costumbres.)—Un tomo.

¡COSAS DEL MUNDO!—(Narraciones).—Un tomo.

LA CÁMARA OSCURA.—Tipos y cuadros de costumbres.—Un tomo.

---

(1)   En colaboracion con D. Julian Romea.
(2)   Con el mismo.
(3)   Con D. Angel Rubio.

ACTO ÚNICO

Gabinete elegante. A la derecha, en segundo término, una chimenea encendida; en primero una puerta. Dos puertas a la izquierda y una en el fondo. Aparece Julia colocando mantel y platos en un velador que habrá á la izquierda, en segundo término.

ESCENA PRIMERA.

JULIA.—EL CRIADO.

JULIA.   Se ha levantado ya el señorito?
CRIADO.   Pues mire usted que no lo sé.
JULIA.   Ha venido la nueva criada?
CRIADO.   Pues mire usted que no lo sé.
JULIA.   Y la nueva doncella?
CRIADO.   Pues mire usted que no lo sé tampoco.
JULIA.   Pero, hombre, eres un ignorante. No sabes nada de nada.
CRIADO.   Como he estado toda la mañana fuera de casa, paseando el perro...
JULIA.   Ah, vamos; eso es otra cosa. Y cómo se encuentra Bruto?
CRIADO.   Tan retozon como siempre y tan enamorado.
JULIA.   Bruto es un buen animal.
CRIADO.   Ya lo creo!...
JULIA.   Mira, vete á la cócina y ten cuidado no se quemen aquellas chuletas.

CRIADO.	(Un lacayo convertido en cocinero!...)
JULIA.	Qué dices?
CRIADO.	Que está muy bien. (Vase por el fondo.)
JULIA.	Dios mio, cómo está el ramo de criadas!... Pues no digo nada el de doncellas!... Ese completamente perdido desde tiempo inmemorial. (Vase primera izquierda. Un momento despues sale Federico primera derecha. bostezando.)

ESCENA II.

FEDERICO.

MUSICA.

Qué pereza tengo
siempre al despertar,
qué ganas de estirarme
y qué malestar.
El pillo de Morfeo
me pone en situacion
de hacer que sea mi boca
la de un camaleon.
Ahaá!... ohoó!... ahaá!... ohoó!

———

Hermoso es dormir
y bello es soñar,
y en grata ilusion
la noche pasar.

———

Soñaba yo esta noche
que iba en un coche
sin parar,
corriendo por el aire
con donaire sin igual.
Y casi en las estrellas
ó muy cerca de ellas
pude ver,
que poco á poco andaba
y á mí se acercaba

una mujer.
Belleza singular
en traje tentador!...
Al ver tanta beldad
en mí nació el amor.

———

Por fin el hada hermosa
presurosa llegó á mí,
y á poco en dulces lazos
en mis brazos la sentí.
Y cuando ya extasiado
su cintura abarqué,
volamos por el aire...
á donde yo me sé.
Figúrese usted!

———

Qué rápido bajar
en brazos de aquel sér!...
Y luego al despertar...
Figúrese usted!...

———

Hermoso es dormir
y grato es soñar...
Y qué desengaños
hay al despertar!...

ESCENA III.

Dicho.—El Criado, y luego Canuto, fondo derecha.

HABLADO.

CRIADO.	Un caballero me ha dado esta tarjeta... y desea...
FED.	A ver? Que pase en seguida. (Vase el Criado.) Qué viento le habrá echado por aquí tan de mañana y despues de tanto tiempo?
CAN.	(Saliendo.) Federico!...
FED.	Canuto! Qué es de tu vida? No hay quien te vea...

CAN. Estoy muy ocupado: los negocios... Por cierto que uno de la mayor importancia me obliga á verte. Sé que te ocupas... en...

FED. En cosas muy *hondas*: en minas: Soy un corredor *profundo*.

CAN. Deseo negociar mis acciones. Unos mineros me han tomado por *caballo blanco*, y quiero soltar la carga.

FED. Segun eso, lo pasas bien, te has hecho rico.

CAN. Phs!... Vamos tirando.

FED. Tirando de qué?

CAN. Te burlas?

FED. No dices que te han tomado por un caballo?

CAN. Qué humor gastas!...

FED. Por gastar alguna cosa; pero la verdad es que tengo motivo para estar triste.

CAN. Sí?

FED. Me he casado. Ya ves!

CAN. Casado?

FED. Te desayunas ahora?

CAN. No: me desayuné antes de salir de casa: es mi costumbre.

FED. Me he casado hace tres meses.

CAN. Estás en la luna de miel.

FED. Créeme á mí: el calendario del matrimonio anuncia perpétuamente tiempo nublado... y revuelto. No te cases nunca.

CAN. Ay!... Ojalá pudiera casarme!...

FED. No puedes? Eso es muy grave: explícame eso.

CAN. Perdí de vista á la mujer amada, y por más que la he buscado .. Un viaje repentino me obligó á abandonarla: cuando volví...

FED. Hace mucho tiempo?

CAN. Tres años y pico.

FED. Y te acuerdas todavía? Ningun recuerdo de amor me ha durado arriba de seis semanas.

CAN. Porque no has amado nunca.

FED. Que no? Escucha, — entre otras que pudiera referirte,—una historia romántica por todo lo alto. Hace un año conocí en Granada una cantante de *primo cartello*; es decir, una corista, prima del que fijaba los carteles. Me declaré, me dió el *sí*... *natural*, y llegué á volverme loco por ella. Qué tal sería mi pasion cuando al separarme de Espéria,— que éste era su nombre,—tuve que firmar, con todas las formalidades jurídicas, una carta de esponsales.

CAN. No veo en ello nada de particular. Cuando firmaste ese documento, seria porque...: Pues!... por...

FED. Nada de *eso!* Nuestras relaciones fueron siem pre honestas; pero yo estaba perdidamente ena morado, llegó el momento de la separacion, y ella me dijo que si no firmaba aquel papel, se almorzaría cuatro cajas de fósforos. Ya ves!... Eran muchas cerillas!...

CAN. Una iluminacion completa; pero fué una tonte ría lo que hiciste.

FED. Eso te probará que estaba enamorado.

CAN. No obstante, te has casado con otra mujer.

FED. Yo soy así: olvido pronto.

CAN. Quién fuera como tú!... Yo estoy siempre triste; no hago más que pensar en *ella*, en Gregoria!...

FED. Qué nombre tan poético!...

CAN. Gregoria de mi vida!...

FED. Debes cobrar ánimos.

CAN. Mejor quisiera cobrar lo que me deben: eso me consolaria.

FED. Te has dado tambien á la usura?

CAN. Por olvidar mis penas...

FED. Quieres desollar á los demás.

CAN. Hasta cierto punto.

ESCENA IV·

DICHOS.—JULIA, primera izquierda.

JULIA. Federico... Ah! Creí que estabas solo...

FED. No te vayas, mujer; es un amigo de confianza. (A Canuto.) Mi señora.

CAN. Señora... (Es guapísima!)

FED. Don Canuto Cuesta Arriba. Ya ves, un apellido que hay que tomarlo despacio.

CAN.	Servidor de usted. (Aparte á Federico.) (Chico, es de primera!... Y no tienes luna de miel? Merecias la media luna!...)
JULIA.	Y este caballero?...
FED.	Oh!... Es una persona acomodada; un hombre de negocios. Tiene acciones...
JULIA.	Acciones de guerra?...
FED.	No, de minas. Le han tomado por...
CAN.	(Si yo no estuviese ya enamorado de Gregoria, me enamoraría de esta mujer.)
JULIA.	Con permiso de este caballero, debo decirte que dentro de media hora tienes que acompañarme á casa de mi tia.
CAN.	(Aparte á Federico.) (Mi asunto no admite demora.)
FED.	Imposible: tengo que ocuparme en las acciones de este amigo.
CAN.	No!... lo que es por mí, no dejes de acompañar á tu señora.
FED.	No dices que urje?...
CAN.	Quién, yo? No he dicho nada!...
FED.	(Aparte a Canuto.) (Cállate, no seas tonto!) Además, tú no puedes salir: no tenemos criada ni doncella, todo está por medio...
JULIA.	Estoy esperando una doncella de encargo, que debe llegar de un momento á otro.
FED.	Repito que no puedo acompañarte. (Me carga salir con mi mujer!...) El negocio de mi amigo no admite espera.
CAN.	No, ya he dicho que por mí...
FED.	(Cállate, hombre!...)
JULIA.	Todo se puede conciliar: me dejas en casa de mi tia, y vuelves por mí dentro de tres horas.
CAN.	Perfectamente. (A Federico.) (Tu mujer tiene mucho talento.)
FED.	(En qué lo has conocido?)
JULIA.	Se conforman ustedes?
CAN.	Ya lo creo; por unanimidad.
FED.	(No hay remedio!)

ESCENA V.

DICHOS.—EL CRIADO, fondo derecha.

CRIADO.   La nueva doncella desea ver á la señora.
JULIA.   Lo ves? Que pase. (Vase el Criado.)
FED.   Vamos mientras á mi despacho. Avísame cuan-
          do esté el almuerzo.
CAN.   A los piés de usted. (Pero, qué bonita es esta
          señora!...) A los piés de...
FED.   Anda, hombre!... (Al fin tendré que acompa-
          ñarla!...)
CAN.   A los piés...
FED.   Anda!...
CAN.   A los... (Federico empuja á Canuto, y ambos se
          van por la primera derecha.)

ESCENA VI.

JULIA.—Poco despues ESPERIA, fondo derecha.

JULIA.   Mi marido no me ama, de sobra lo conozco.
          Nunca quiere salir conmigo, y este es un sinto-
          ma infalible; lo sé de buena tinta.

MÚSICA.

ESP.   Da usted su permiso? (Apareciendo.)
JULIA.   Puede usted pasar.
ESP.   Yo soy la doncella
          que mandó l'amar.
JULIA.   (No es mala figura.)
ESP.   (Elegante porte.)
JULIA.   Hace mucho tiempo
          que sirve en la córte?
ESP.   Esta es la vez primera,
          que vengo á servir.
JULIA.   Y es usted doncella?
ESP.   Yo creo que sí.
JULIA.   Y sabe de todo?
ESP.   Sé lo principal,

y si usted me escucha
lo voy á probar.

———

Yo sé vestir á la señora
y sé coser con gran primor,
y bordo en toda clase de colores
y todo lo hago con amor.
Soy muy sensible y cariñosa
y sé escribir y sé leer;
y sé contar por el sistema
que éste Gobierno hizo aprender.

———

Coso en blanco y coso en negro
ó en cualquiera otro color,
y trabajo de modista
toda clase de labor.
Hago dulces y otros platos
exquisitos de comer,
y de cera hago yo niños
que es lo que tienen que ver.
  Nací en buenos pañales,
  en colegio me eduqué,
  y despues murió papá
  y solita me quedé.

———

    Me llamo Esperia,
    soy jóven lista
    que fué modista
    de un gran taller.
    Luego cantante
    mezzo-soprano,
    y en el teatro
    arrebaté.
    Juróme amores
    un embustero
    mal caballero
    que me engañó,
    y como coso,
    volví al trabajo

y vivo en casa
y hago labor.

———

JULIA.	Se llama Esperia,	ESP.	Me llamo Esperia,
	es jóven lista		soy jóven lista
	y fué modista		que fuí modista
	de un gran taller.		de un gran taller.
	Luego cantante		Luego cantante
	mezzo soprano,		*mezzo-soprano,*
	y en el teatro		y en el teatro
	hizo papel.		arrebaté.
	La juró amores		Juróme amores
	un embustero		un embustero
	mal caballero		mal caballero
	que la engañó.		que me engañó.
	Y como cose,		Y como coso,
	volvió al trabajo		volví al trabajo
	y vive en casa		y vivo en casa
	de su labor;		de mi labor;
	pero si aquí		pero si á usted
	puede servir		llego á servir,
	lo piensa hacer		lo pienso hacer
	con mucho *sic.*		con mucho *sic.*

HABLADO.

JULIA. Usted ha nacido en otra esfera.
ESP. Y en otro pueblo.
JULIA. Ha tenido buenos principi s?
ESP. Y buenos *postres*; pero yo tomo el tiempo como viene: tengo un génio muy abierto. Como que me eduqué en *El Havre*... El cargo de doncella lo desempeñaré á la perfeccion, la vestiré á usted á mi gusto, y nadie dirá que la visten sus enemigos. Ahora se llevan unos sombreros de *filipichí* preciosos, preciosísimos!
JULIA. Y eso, casará bien con mi color?
ESP. No, señora. Los sombreros de *filipichí* no se casan con nadie. Por lo demás...
JULIA. Basta: me quedo con usted.
ESP. Conmigo?

JULIA.   No hablemos más: tengo prisa...

ESP.   Debe usted conocer mi historia antes de reci-
birme en su casa. Seré breve. Mi infancia fué
dichosa, mi adolescencia divertida, mi pubertad
dramática. Tambien he cultivado el género
lírico. En el coro de *Le roi de Lahore*—el rey
que dá la hora—sobresalía mi voz por encima
del metal; pero, ay! me sucedió una desgracia
terrible; me quedé *baja* y no pude seguir.

JULIA.   Cómo baja, si tiene usted una buena esta-
tura?

ESP.   Quiero decir baja de tono. Ya tengo muy *mala
nota*.

JULIA.   Cómo?

ESP.   He bajado tres puntos y me han roto... la es-
critura. Por eso me dedico á doncella; pero yo
sirvo para otras cosas: soy una persona instrui-
da, he viajado mucho, he estado en París, he
visto la columna *del señor Julio* y el *manolito*
de la plaza de la *Discordia*.

JULIA.   Monolito, habrá usted querido decir.

ESP.   Si lo hubiera querido decir, lo hubiera dicho.
Por lo demás, en París hay muchas cosas que
no se explican, y *El Sena* es una de ellas. No
es un rio? No es masculino? Pues por qué no se
le llama *El Seno?*

JULIA.   En eso tiene usted razon.

ESP.   Volviendo al asunto...

JULIA.   El asunto es que yo tengo prisa.

ESP.   Voy á concluir...

JULIA.   (Con mi paciencia.)

ESP.   De prisa. Murió mi papá de una tisis galopan-
te... Me parece que más de prisa... Por eso me
dediqué al teatro... En el teatro le conocí!

JULIA.   A quién?

ESP.   Al hombre pérfido que me ha engañado, al que
me juró un amor eterno, al que...

JULIA.   Comprendido. (Con intencion.)

ESP.   Qué ha comprendido usted, señora? Soy pura
como el cefirillo de la mañana, como los angeli-
tos del cielo, como...

JULIA.   Entonces, no veo...

Esp.	Y el alma, señora? No valen nada los sueños del alma? Ah, pero yo encontraré á ese hombre, y como le encuentre!... Tengo una carta de esponsales firmada por él.
Julia.	Luego entonces... (Con intencion.)
Esp.	No, señora. No he dicho que soy pura como el cefirillo de la mañana? Pues como iba diciendo, yo era una cantante que prometia...
Julia.	Basta; ya sé algunas entregas de su historia: otro dia echará usted el resto. Tengo que salir, y mientras me arreglo un poco, usted servirá el almuerzo á mi marido. Hágame usted ese favor, no tengo criada...
Esp.	Ya he dicho que me presto á todo.
Julia.	Y á propósito: sabe usted guisar?
Esp.	Con equidad y aseo.
Julia.	Está usted fuerte en las aves?
Esp.	En todo, señora. Aunque en materia de aves, estoy por el *Ave María*, de *Gounod*.
Julia.	No la he comido nunca
Esp.	Lo creo! Ni yo tampoco!
Julia.	Vaya, vamos á la cocina, y le diré lo que tiene que servir á mi marido.
Esp.	Vamos, señora. Estoy á su disposicion para *todo*: no se arrepentirá usted de haberme tendido su mano protectora; sabré agradecer sus favores, procuraré merecerlos, y usted perdone la cortedad natural que me embarga la primera vez que tengo el gusto de verla, de oirla, y de...
Julia.	Basta, por Dios!...
Esp.	Vamos á la cocina, señora!... (Vanse fondo izquierda.)

ESCENA VII.

FEDERICO.—CANUTO, primera derecha.

Fed.	No podemos formalizar nada mientras no traigas el expediente que te he dicho.
Can.	En casa lo tengo, vivo cerca de aquí y voy por él ahora mismo.

FED.   Yo no hago más que dejar á mi mujer en casa de su tia y al punto vuelvo. Si vienes antes que yo, espérame en mi despacho.

CAN.   Convenido.

FED.   Hasta luego.

CAN.   (Pero qué bonita es la mujer de este tuno!...}
(Vase fondo derecha.)

ESCENA VIII.

FEDERICO, y luego JULIA, fondo izquierda.

FED.   Quién habia de pensarlo? Un muchacho que era todo corazon, metido á prestamista!... La usura! Hé ahí la prosa del siglo, la perversion de los sentimientos! La... Lo ménos voy á ganar el treinta por ciento con las acciones de Canuto. Es un buen negocio.

JULIA.   (Saliendo.) Se marchó tu amigo?

FED.   Sí. (Será poco el treinta?)

JULIA.   Vaya, voy á arreglarme mientras tú almuerzas.

FED.   No almuerzas conmigo?

JULIA.   Tengo que almorzar con mi tia. La doncella te servirá.

FED.   Ah! Qué tal es la doncella?

JULIA.   Muy parlanchina. Me ha hablado de veinte cosas á la vez: de su origen, de su carrera, de una carta de esponsales...

FED.   Eh? (Dios mio!) Cómo... se llama esa mujer?

JULIA.   Un nombre muy raro: Espéria.

FED.   Jesús!!...

JULIA.   Eh? Por qué has dicho Jesús?

FED.   Por... (Estoy perdido!..) Por... nada... He querido decir... «Jesús... cuántos belenes tiene la doncella!...»

JULIA.   Eso me ha parecido á mí tambien.

FED.   Despídela al momento, que se vaya en seguida; lo exigen la moral y el...

JULIA.   Hasta que venga la criada nueva no despido á la doncella de encargo. Vamos, siéntate á almorzar.

FED.	No... no tengo apetito; almorzaré tambien en casa de la tia. Vámonos, anda.
JULIA.	Si tienes que volver en seguida para ocuparte de esas acciones.
FED.	Es verdad.. Digo... (Yo estoy lcco!...)
JULIA.	(Llamando.) Espéria!... Ya puede usted servir el primer plato!...
FED.	(Cayendo en una butaca.) (Misericordia, Señor!... Llegó mi última hora!...)
JULIA.	Hasta luego (¿Qué le pasa á mi marido?) Buen provechito, pichon!... (Vase primera izquierda.)

ESCENA IX.

FEDERICO, poco despues ESPÉRIA y luego JULIA.

FED.	Pichon, eh? Para almorzar pichones estoy yo!... Será la misma? Quiero afrontar el peligro con valentía; voy á la cocina antes que Espéria venga aquí. (Se dirige al fondo por el cual sale Espéria con un plato en la mano.)
ESP.	Él!... Dios mio!... (Deja caer el plato.)
FED.	Calla!... Que me pierdes!... Yo lo arreglaré todo!... (Esto es el diluvio!...)
JULIA.	(Saliendo.) Qué es eso?
ESP.	Ay, señora de mi alma!... No sabe usted lo que!...
FED.	(Bajo y rápido á Espéria.) (No me comprometas, luego hablaremos!...)
ESP.	(Yo sí que estoy comprometida!...)
JULIA.	Podré saber? ..
ESP.	Ya lo creo! Figúrese usted, que...
FED.	Nada! .. Nada!...
JULIA.	Estoy yo sorda? Esta mujer ha dicho: «Él! Dios mio!..» Y tú has contestado: «Calla! Que me pierdes!... Yo lo arreglaré todo!...»
ESP.	Es muy cierto, tiene usted un gran oído!
JULIA.	Explíqueme usted esas palabras.
ESP.	«Hay momentos, vive Dios,» en que,..
JULIA.	Está afectada, no puede hablar: explícame tú...
FED.	Yo? Nada... más fácil... Ella... ha gritado..

«El... el plato se ha roto...» Y yo... la he dicho. «Calla! Qué se pierde? Yo lo arreglaré todo... con mi señora!...»

JULIA. Federico!... Federico!...

FED. Ahí tienes explicado...

ESP. Alto ahí: yo no puedo ménos...

FED. (Bajo y rápido á Esperia.) (Te dotaré en seis mil duros!...)

JULIA. Siga usted en el uso de la palabra.

ESP. Decía que... no puedo ménos de afirmar... cuanto dice el *señorito*..... Se me ha turbado la vista, he tropezado con... Cualquiera tiene un tropiezo! Yo pagaré!... Quien rompe, paga, y se lleva los tiestos. En mi vida he roto un plato, éste es el primero, palabra de honor!... (Bajo á Federico.) (Dónde están los seis mil?)

JULIA. Tanto ruido por un plato?

ESP. (Dónde están los?...)

FED. (En el Banco: te daré un *talon.*)

JULIA. (Qué pasa aquí?) Vaya, pues traiga usted el segundo plato .. ya que el primero se ha roto. Voy á concluir de arreglarme. (Si no tuviera absoluta necesidad de salir!...) (Vase primera izquierda. Federico cierra la puerta.)

FED. Por fortuna, desde el tocador no se oye nada!

ESP. Hablemos! Dime... digo... Dame los seis mil duros.

FED. Trae el otro plato. Luego hablaremos.

ESP. Voy! Voy por el otro plato!... No dirás que no soy generosa, hombre sin corazon y sin palabra!... Voy. (Medio mútis.) Que no te olvides de los seis mil duros!... (Vase.)

FED. (Despues de mirar por la cerradura de la primera izquierda.) Yo sudo, yo estoy malo, me encuentro en la agonía!... De dónde voy á sacar esa suma? (Se sienta.)

ESP. (Con otro plato.) Carne mechada... Ay!... así tengo yo el corazon, *mechado;* atravesado, relleno de pimienta, de dinamita, de...

FED. Por Dios, habla bajo! Tal vez esté escuchando mi mujer!...

ESP. Quien escucha, su mal oye. Yo no debía confor-

marme, yo debia desbaratar este matrimoni),
entregar la carta y armar una de *Pópulo...*

FED. Calla!

ESP. Bárbaro!

FED. No me insultes!

ESP. No; si es que completo la frase: *Pópulo bar-baro!*

FED. (RÁPIDO.) Vete á la cocina, tráeme el otro pla-to!... (Yo voy á reventar!...)

ESP. Voy, voy por el plato!... (MEDIO MUTIS.) Fíate de la Virgen y no corras!... O lo que es lo mis-mo, fíate de los hombres, aun cuando firmen cartas de exponsales!... (MEDIO MUTIS.) Oye, que no te olvides de *eso*!... (VASE.)

FED. De donde diablos voy yo á sacar *eso*? Nada mé-nos que seis mil duros!... Veamos qué hace mi mujer. (VA Á LA PUERTA.) Respiro! Está hablando con el espejo. Ya tiene para rato. (VUELVE Á SENTARSE.)

ESP. (CON OTRO PLATO.) Truchas. Tú si que eres *un trucha* de primera!... Me has engañado como á una *china*!...

FED. Por los clavos de Cristo!...

ESP. Das una en el clavo y ciento en la herradura!... Si no fuera porque!... Oye, los seis mil?...

FED. Te he dicho que luego: ahora voy á salir con mi mujer; volveré en seguida.

ESP. Me has arrancado la ilusion postrera!... Voy por los postres. (VASE.)

FED. Una idea, Señor, una idea para salir de éste la-berinto!... El hogar doméstico se desmorona!...

ESP. (CON DOS PLATOS.) Pasteles. Te prevengo que si tratas de darme un pastel, te equivocas. Me agarro al *talon* que me has ofrecido.

FED. (Esto se pone oscuro!)

ESP. Aquí tienes el queso.

FED. Vete á la cocina y no salgas de allí hasta que yo vuelva.

ESP. En la cocina te aguardo con todo el fuego de que yo soy capaz, con un fuego *graneado*, ines-tinguible, que va en *crechendo*, en *crechendo...*

FED.   (Pobre Verdi! Con su *abertura* y todo!...)
ESP.   Te aguardo en la cocina!... (Vase.)

ESCENA X.

FEDERICO.— Poco despues CANUTO, con un expediente.

FED.   Cómo me chillan los oidos!... Estoy sobre un volcan, mi mujer debe sospechar algo!... Nada, yo me voy de Madrid!... (Viendo entrar á Canuto.) Querido Canuto, sálvame!... Estoy perdido!...
CAN.   Qué te pasa?
FED.   Está aquí Espéria! La de la carta de esponsales!...
CAN.   Cómo?
FED.   Porque ha venido! Es la doncella que había encargado mi mujer.
CAN.   Demonio!
FED.   Es peor que un demonio!... La he ofrecido seis mil duros porque calle...
CAN.   Y qué?
FED.   Que no los tengo.
CAN.   Y qué quieres que yo haga? Que te preste los seis mil? Con qué garantía? Porque entre amigos...
FED.   Mira, escóndete en mi despacho. En cuanto yo salga con mi mujer, llamas á Espéria, la pintas mi situacion, y la convences de... Yo no puedo darle seis mil duros; pero la daré algo para que me deje en paz... En fin, tú arreglas el asunto...
CAN.   Pero... tiene arreglo?
FED.   Hay que cubrir el expediente.
CAN.   (Dando vueltas al expediente.) Cubrir el expediente? Para qué?
FED.   No digo eso!... En tus manos está mi salvacion.
CAN.   Pues en buenas manos está el pandero!... Yo haré lo que pueda; pero no respondo...
FED.   Anda, que viene mi mujer!...
CAN.   (Que siempre he de danzar yo en pleitos age-

nos!... (Medio mútis.) Ah! Oye; es bonita la doncella?

FED.   Sí, hombre!

CAN.   Ménos mal. (Vase primera derecha.)

ESCENA XI.

FEDERICO.—JULIA, primera izquierda.

FED.   (Qué séria viene mi mujer!...)

JULIA.   Has almorzado bien... *palomo?*

FED.   Divinamente!... Vaya, vámonos á casa de la tia.
(Coge á Julia del brazo.)

JULIA.   Pero, hombre de Dios, vas á salir á la calle con
bata?

FED.   Es verdad!... Estoy tan distraido... Voy á po-
nerme la levita, y en seguida... (Se pone la levita.)

JULIA.   (Mi sospecha es ya casi una realidad: está turbado y este síntoma es infalible.)

FED.   (Cada vez está más séria mi mujer.) Ea, ya he
concluido; vamos andando. (Vuelve á cogerla del
brazo.)

JULIA.   Estás loco? Vas á salir sin sombrero?

FED.   Calle! Es verdad. Otra distraccion.

JULIA.   (En cuanto me deje en casa de mi tia, vuelvo
aquí y lo descubro todo.)

FED.   Ahora sí que no se me olvida nada.

JULIA.   No tires de ese modo!... Federico!... Federico!...
A tí te pasa algo.

FED.   A mí? No lo creas. Qué ha de pasarme? Vamos,
anda, que estará esperando la tia.

JULIA.   Te digo que...

FED.   Anda, mujer; no seas pesada, anda. (Vanse dis-
putando fondo derecha.)

ESCENA XII.

CANUTO.—Poco despues ESPERIA.

CAN.   No perdamos tiempo: me he comprometido á
ello y debo cumplir como amigo. Dónde andará
esa doncella? Espéria!... Espéria!... El nombre

es de lo más cursi... y de lo ménos... (Aparece Espéria fondo izquierda.)

ESP.   (Quién será este caballero?) Caballero...
CAN.   (Reconociéndola.) Gregoria!
ESP.   Canuto!
CAN.   Es ella!
ESP.   Dios mio!... Mi primer amor!...

MUSICA.

ESP.   Canuto querido!
CAN.   Gregoria adorada!
ESP.   Qué grata sorpresa!
CAN.   Yo no la esperaba!
ESP.   Ay, Canuto mio,
        lo que yo sufrí
        cuando me dejaste
        en Valladolid!

Como paloma abandonada
sin el calor de mi pichon,
cuánto lloré por tu desvío,
cuánto sufrió mi corazon!
Por qué, cruel, sin despedirte,
me abandonaste sin razon?
Por qué te fuiste de mi lado
sin tener consideracion?

    Y te marchaste,
    hombre incivil,
    dejando sola
    á esta infeliz.

CAN.   Yo te diré, Gregoria mia,
    que si falté fué sin querer,
    pero el dinero se acababa
    y yo no supe ya qué hacer.
    A pesar mio te dejé
    aunque te amaba con pasion:
    pero el bolsillo dominaba

y pudo más que el corazon.
Yo que te amaba,
te dí mi fé,
con que Gregoria
perdóname.

ESP.   Ay, Canuto (Llorosa.)
fuí muy desgraciada!...

CAN.   Ay, Gregoria,
yo no supe nada!...

ESP.   Te acuerdas tú,
Canuto mio,
de aquellos ratos
de tierno amor,
en que juntitos
siempre solitos
no conocimos
nunca el dolor?

CAN.   Gregoria mia,
sí que me acuerdo;
yo por tí estaba
medio *barlú*;
siempre juntitos
cual tortolitos
los dos haciendo:
rú, rú, rú, rú.

LOS DOS.   Tiernos amantes
nos arrullamos
y nos tratamos
de tú por tú;
y así juntitos
cual tortolitos
los dos haciendo:
rú, rú, rú, rú.

HABLADO.

CAN.   Vamos á ver, dime ahora, sin música, cómo te
encuentras aquí.

Esp.	Pues... Me encuentro... Porque... (Nada, es de *encuentros* el dia!)
Can.	Sospecha cruel! Quién es Espéria?
Esp.	Yo.
Can.	Pero, tú no eres Gregoria?
Esp.	Lo fuí; pero ese nombre no le gustó al maestro de coros, no le sonaba... y me confirmó El maestro de coros era un buen señor, por otra parte.
Can.	Por qué parte?
Esp.	A *parte* hubiera yo llegado, quiero decir, á un puerto principal; pero...
Can.	Luego tú eres la cantante de Granada, la novia de Federico, la de la carta de esponsales?
Esp.	La misma: no quiero negarlo.
Can.	Bonita confesion!
Esp.	He sido muy desgraciada!... Me abandonaste á mi destino; á mi padre le quitaron el suyo; murió!... y quince dias despues, me eché á cantar.
Can.	No lo sentirias mucho!...
Esp.	El canto es la más bella expresion del senti- miento.
Can.	Ay, Gregoria!...
Esp.	No me llames así; ya no me suena ese nombre!...
Can.	Te acuerdas de *aquellos* dias?
Esp.	Pues no me he de acordar!... El primer amor de la mujer, siempre, siempre es... el primero.
Can.	Eso no tiene duda.
Esp.	(Columbro en lontananza un esposo para los seis mil duros de Federico.)
Can.	Si fuera posible volver á aquellos tiempos!...
Esp.	Nada más fácil. Acuérdate de las palabras de San Silvestre, el cual dicen que dijo: «Como de- cíamos ayer»...
Can.	Esa carta que hay de por medio, me trae muy escamado.
Esp.	Canuto!... (Ofendida)
Can.	Soy franco.
Esp.	Serias capaz de poner en duda mi fortaleza, mi virtud?
Can.	Yo soy capaz de cualquier cosa.
Esp.	Ten fé, la fé es ciega, échate en brazos de la fé, y te salvarás como tantos otros.

CAN. (Lo cierto es que cuando el mismo Federico—
que es tan pretencioso—jura que fueron honestas sus relaciones...)

ESP. Dudas? Vacilas? Pues me ofendes!...

CAN. Ay, Gregoria... digo... Espéria!... Si tú supieras
lo que pasa en mi interior! ..

ESP. No quiero meterme en *interioridades* ajenas. No
hay nada perdido: abandóname; pero no dudes
de mi virtud.

CAN. Me amas ahora con la misma pasion de?...

ESP. Sí, con la misma... corregida y aumentada.

CAN. Espéria mia!...

ESP. Canuto!...

CAN. Me decido: nos casaremos.

ESP. La fé te salvará.

CAN. Echemos un velo sobre lo pasado.

ESP. Es lo mismo la mantilla? Voy por ella, espérame aquí.—Seremos felices; la felicidad está en
la familia, la familia es el matrimonio, el matrimonio se forma por el amor... algunas veces, y
el primer amor de la mujer, siempre! siempre es
el primero!... Hasta luego, simpático Canuto!...
(Vase fondo izquierda.)

ESCENA XIII.

CANUTO.— Poco despues FEDERICO.

CAN. Será aventurado casarme con esa mujer? No;
la declaracion de Federico es leal y sincera, no
tengo duda. Estoy más enamorado que nunca
de Espéria. Espéria... No es tan *cursi* ese nombre como yo creí. Qué ha de serlo!... Espéria!...

FED. (Saliendo.) Uf, qué calor!.. He dejado á mi mujer á la puerta de casa de su tia con un hocico
de á cuarta, y vengo sofocado.

CAN. Yo ya no me sofoco por nada.

FED. Qué hay? Que hay?

CAN. Tengo que darte una buena...

FED. Arrancando ó á volapié?

CAN. Una buena noticia.

FED.	Venga de ahí.
CAN.	Me caso.
FED.	Qué barbaridad!...
CAN.	Me caso con Espéria.
FED.	Ah!... Con... Eres un sábio! (Le abraza.) Ahora lo comprendo todo: te sacrificas por mí. Qué generosidad!...
CAN.	No me lo agradezcas. Espéria, es Gregoria, la mujer de que te he hablado.
FED.	Sí? Qué casualidad!... Cuánto me alegro!... Pero ese cambio de nombre?...
CAN.	La confirmó el maestro de coros, que era un buen señor, por otra parte.
FED.	Repito que me alegro.
CAN.	Pero... oye... en confianza. Podré, tranquilo?...
FED.	Casarte con ella? Ya lo creo. Con la tranquilidad del justo. Espéria es una virtud inquebrantable: de cristal de roca.
CAN.	Me das más que la vida.
FED.	Tú me das seis mil duros.
CAN.	Los dos salimos ganando.
FED.	Ah! pero tú ganas más que yo.
CAN.	No, tú.
FED.	Tú.
CAN.	Partamos la diferencia.

ESCENA XIV.

DICHOS.—ESPERIA, con mantilla.

ESP.	Oye, cuando quieras... (Juntos los dos! Este es un paso difícil y tengo que ruborizarme.)
FED.	He sabido por mi amigo Canuto la feliz noticia, y doy á usted mi más cordial...
ESP.	No tomo *cordiales*, caballero. Por lo demás, qué quiere usted? El primer amor de la mujer...
CAN.	Sí; siempre es el primero.
ESP.	Y como entre nosotros no ha habido nada de particular...
FED.	Justo!
CAN.	(Ha dicho «Justo!» Estoy tranquilo! Qué más prueba deseo?)

Esp.	Con permiso. (Llevándose aparte á Federico.) (Cuándo me dá usted el *talon*?)
Fed.	(Qué talon?)
Esp.	(El del Banco.)
Fed.	(El Banco ha perdido los *talones*: no le queda más que *la cola*.)
Esp.	(Me refiero á los seis mil.)
Fed.	(Seria ofender á Canuto! Es muy rico!...)
Can.	(Esto ya pasa de castaño oscuro!..) Pero, qué hablan ustedes? Me parece que tengo derecho á saber...
Fed.	Me estaba diciendo esta señorita que, puesto que entre nosotros no ha mediado nada de particular y tú eres rico, renuncia al dote que yo graciosamente la ofrecía.
Can.	Desde luego! No faltaba otra cosa!...
Esp.	Efectivamente! (¡Faltaba eso!... Pero, que suerte tiene éste hombre!...)
Fed.	Estoy en lo justo?
Can.	Basta: no hablemos más de eso.

ESCENA ÚLTIMA.

Dichos.—JULIA, fondo derecha.

Julia.	Ya estoy de vuelta.
Fed.	Cómo tan pronto?
Julia.	Mi tia no estaba en casa, y he dejado para otro dia... (Transicion.) Federico!... Aquí pasa algo, y vengo resuelta á saber lo que pasa.
Fed.	Algo pasa, en efecto. Mi amigo Canuto se casa.
Julia.	Sí? Con quién?
Esp.	Conmigo... aunque me esté mal el decirlo.
Julia.	Ah! Vamos! Usted es el de la carta de exponsales?
Can.	No!... Digo... yo...
Fed.	Sí, sí; éste, éste es el de la carta!...
Esp.	(Qué mano izquierda tiene este hombre!...
Fed.	No se lo has conocido en la cara?
Julia.	Ya lo comprendo todo!...
Fed.	Lo ves?... Al fin lo has comprendido!...

ESP   Es usted muy avisada.—Le avisaré el dia de m^i boda.— Usted, que es mujer y sensible, comprenderá el estado de mi espíritu!... Hallar, cuando se creía perdido, al hombre que nos ha inspirado la primera pasion!... Y qué fuerza tienen las pasiones *primerizas*!...

CAN.   Como que el primer amor de la mujer...

ESP.   Sí: es el primero.—Vaya me voy depositada á casa de una amiga, y...

FED.   Espere usted un instante. Antes de ir al *depósito*, tenemos el deber de despedirnos del público.

ESP.   Es verdad.

MUSICA.

TODOS.   Aquí acaba el juguete,
señoras y señores,
y vuestro fallo ansiosos
esperan los autores.

FIN.

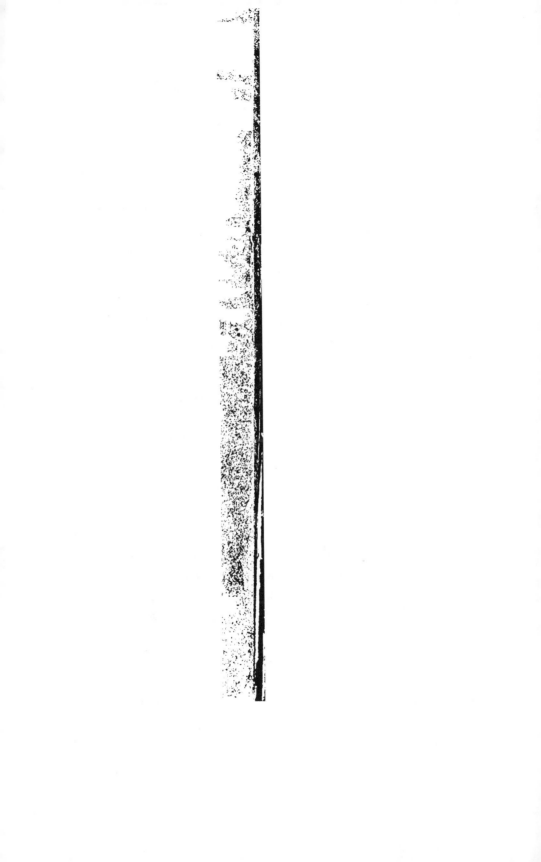

PUNTOS DE VENTA.

MADRID.

Librerías de los *Sres. Viuda é Hijos de Cuesta*, calle de Carretas; de *D. Fernando Fé*, Carrera de San Jerónimo; de *D. Antonio de San Martin*, Puerta del Sol de *D. M. Murillo*, calle de Alcalá; de *D. Manuel Rosado*, y de los *Sres. Córdoba y C.ª*, Puerta del Sol; de *D. Saturnino Calleja*, calle de la Paz, y de los *señores Simon y C.ª*, calle de las Infantas.

PROVINCIAS Y ULTRAMAR.

En casa de los corresponsales de la *Administracion*.

EXTRANJERO.

PRANCIA: Librería española de *E. Denné*, 15, rue Monsigni, PARÍS. PORTUGAL: *D. Juan M. Valle*, Praça de D. Pedro. LISBOA: *D. Joaquin Duarte de Mattos Junior*, rua de Bomjardin, PORTO. ITALIA: *Cav. G. Lamperti*, Via Ugo Fóscolo, 5, MILAN.

———

Pueden tambien hacerse los pedidos de ejemplares directamente á esta casa editorial, acompañando su importe en sellos de franqueo ó libranzas de fácil cobro, sin cuyo requisito no serán servidos.

BIBLIOTECA
LÍRICO-DRAMÁTICA

DOÑA CONCORDIA

JUGUETE CÓMICO EN UN ACTO Y EN VERSO

ORIGINAL DE

DON FRANCISCO FLORES GARCÍA

Representado por primera vez con éxito extraordinario en el Teatro
Martin la noche del 28 de Setiembre de 1878.

MADRID
ENRIQUE ARREGUI, EDITOR
Atocha, 87, principal izquierda.

1879

CPSIA information can be obtained
at www.ICGtesting.com
Printed in the USA
BVHW04*1213180918
527831BV00013B/1033/P